W0290407

Calme
MON carnet de MÉDITATION

ARNAUD RIOU
MARIE BRETIN

SOLAR
EDITIONS

Comme chacun, je me sens parfois envahi par les émotions : tristesse, colère, peur, sentiment d'impuissance, découragement… Pourtant, au-delà de ces perturbations émotionnelles, je sais que je peux me relier à une source d'espérance qui, parce qu'elle n'est pas conditionnée par les événements extérieurs, est inaltérable. C'est dans cette source que je puise ma vitalité, ma foi, mon envie d'aller de l'avant, d'être utile, ma joie même !

Cette source d'espérance, je la trouve dans la méditation. Lorsque je médite, je retrouve la paix en moi. Presque instantanément. C'est alors que je peux redevenir confiant dans le monde et dans les êtres humains ; être optimiste. Lorsque je médite, mon coeur s'ouvre à nouveau. La peur se dissipe et l'amour retrouve la place qu'il ne devrait jamais perdre. Le contraire de l'amour n'est pas la haine, mais la peur. C'est lorsque nous avons peur que nous cessons d'aimer et de croire. C'est lorsque notre cœur s'ouvre à nouveau que nous cessons d'avoir peur.

Lorsque je médite, je suis en lien avec l'instant présent, avec la partie la plus vivante de mon être. Lorsque je médite, mes projections, mes peurs se dissolvent l'une après l'autre pour me permettre de m'ouvrir à un océan plus calme. Au milieu de la tempête, sous les vagues de la surface, le fond de l'océan est toujours calme. En méditant, je me connecte avec le fond de l'océan, la source de l'humanité, et la profondeur de mon amour.

Lorsque je médite, je peux identifier mes émotions. Assez vite, je les regarde danser comme je regarde danser les vagues de la tempête. En prenant ce recul nécessaire, je cesse de m'identifier à elles. Les émotions ne sont pas ma personnalité. Elles ne sont pas mon être profond. Elles me traversent, m'envahissent parfois, et je ne peux pas les empêcher de me toucher. En revanche, il ne tient qu'à moi de les dissoudre, de les laisser fondre à la lumière de ma conscience, de ma respiration, de mon calme.

L'action juste ne peut s'épanouir que si elle naît de la profondeur de notre être. Les actes posés sous le coup de la colère ou de la peur ne sont que des réactions émotionnelles, des pulsions. Je les comprends, mais ils ne viennent que de notre partie blessée et ne sont porteurs d'aucune réparation. Les actes posés en réaction provoquent eux-mêmes d'autres réactions et d'autres violences. Toutes les guerres sur cette terre l'ont prouvé.

Aujourd'hui, chaque jour, je ressens de la peur et chaque jour je ressens de la tristesse. Aussi, chaque jour je médite et j'offre à mon cœur l'espace dont il a besoin pour se déployer.

Certains, en lisant ces lignes, pourraient craindre de ne pas savoir méditer, de ne pas savoir par où commencer. Mais l'endroit où vous êtes ici et maintenant est le meilleur endroit pour commencer à méditer. Vous êtes exactement à votre place. Il n'y en a pas d'autres. C'est en vous accueillant vous-même là où vous êtes que vous commencerez à générer de la paix. Il n'y a pas de protocole obligatoire pour méditer; il n'est pas nécessaire d'être bouddhiste, de croire en Dieu, d'être initié. Il est juste nécessaire d'être humain. De prendre le temps de quelques respirations. De fermer les yeux. De laisser le corps se détendre.

Il n'y a rien à faire, juste à être. Alors progressivement, la respiration devient plus profonde, l'abdomen se détend, les mâchoires se relaxent et l'esprit s'apaise. Alors progressivement, un espace vide se crée. C'est aussi simple que ça. C'est de cet espace vide que vous vous remplirez de vous. C'est de cet espace vide que naît votre ***calme***…

J'ai découvert la méditation à la fin des années 1980 en France, mais aussi au cours de mes voyages en Inde et au Tibet. J'ai suivi assidûment les enseignements de lamas tibétains pendant dix ans. Des journées entières, j'ai écouté mes maîtres. Ils m'ont transmis ce que sont le calme, la méditation, la sagesse et l'ouverture du cœur. Pendant nos sessions, je disposais de trois compagnons : un coussin, un zen pour couvrir mes jambes et un carnet dont je prenais grand soin.

Je choisissais mes carnets assez petits pour tenir dans une poche et avec suffisamment de pages pour avoir le temps de m'y attacher. J'y notais mes progrès, mes sensations et ma compréhension de la méditation. Parfois, j'y dessinais des lettres sacrées, j'y griffonnais des commentaires, je collais une photo. J'ai ainsi annoté des dizaines de carnets. C'est de ces cahiers que je me suis inspiré ici.

J'ai rédigé le vôtre comme un carnet de voyage sur lequel vous pourrez noter, dessiner, coller. C'est à un voyage intérieur qu'invite la méditation, un voyage au centre de vous-même, là où repose votre cœur.

Je vous souhaite bonne route !

Arnaud Riou

La méditation
n'est RIEN...
SEUL compte
l'entraînement
à la MÉDITATION.

La méditation n'est pas
une activité à part.
On ne médite pas
pour se couper du monde.

Méditer, c'est ouvrir son cœur
et son regard sur la vie.
C'est devenir plus sensible,
lire entre les lignes,
lire entre les signes,
ressentir ce qui n'est pas dit.

La méditation est liée à l'action.
Elle l'inspire
et lui donne du sens.

Vivre en méditant
c'est marcher en regardant son chemin,
lire les partitions en écoutant la musique,
s'alimenter en goûtant les saveurs.
C'est se souvenir de qui nous sommes,
d'où nous venons,
et où nous allons.

LES MOTS du calme

Méditation : la méditation consiste à renforcer sa concentration sur un point précis de façon à en approfondir le sens, l'essence ou la compréhension.

Méditation religieuse : si l'étude nous permet de comprendre intellectuellement les ressorts d'une religion, méditer nous permet de réaliser l'essence du Bouddha ou du Christ qui sommeille en nous. La méditation est une voie d'accès à toutes les religions, non seulement le bouddhisme, mais aussi l'hindouisme, le christianisme, le taoïsme, le sikhisme ou l'islam.

Méditation & spiritualité : en méditant sur le lien de causalité, l'impermanence, la nature de l'ego, ou l'ouverture du cœur ; en méditant sur la vie et sur la mort, la méditation nous ouvre à notre dimension spirituelle.

Chiné ou calme mental : première étape de la méditation, le *chiné* ou calme mental est une forme de relaxation qui aide à prendre du recul par rapport au flot incessant de nos pensées. Par une meilleure posture physique et respiratoire, cette pratique préliminaire réduit les tensions.

Méditation laïque : la méditation est un support à la philosophie, à la psychologie, à la biologie ou à la médecine. En méditant, vous développerez une compréhension profonde sans passer par l'analyse ou la réflexion intellectuelle.

Laktong : (de *lak*, vision supérieure et *tong*, capacité à voir) appelé aussi *vipassana* en Sanskrit. Une fois le calme établi, vous approfondirez votre méditation en pénétrant dans la pleine conscience.

Les trois sagesses : l'art de l'étude, de la réflexion et de la méditation. Ces trois phases permettent les trois actes (l'acquisition, la compréhension puis l'application).

Que nous apporte la MÉDITATION ?

La méditation est pratiquée depuis des siècles dans le monde entier. Elle vous permet de retrouver le calme mental et ainsi d'être moins réactif dans vos paroles et dans vos actes. La méditation éclaire votre véritable nature. Elle dissipe les illusions et vous aide à dépasser les apparences et à faire l'expérience de la pleine conscience. La méditation vous permet de développer votre conscience et d'être plus présent, moins dans votre tête. En méditant, vous donnez plus de sens à vos actions et plus de corps à vos valeurs. Mais les vertus de la méditation ne s'arrêtent pas là. Elle touche aussi la santé et le bien-être. En adoptant une pratique régulière, nous améliorons notre immunité, stabilisons l'équilibre de nos organes, produisons des molécules qui favorisent la santé; reprogrammons nos cellules et accompagnons la guérison d'un grand nombre de maladies. Méditer, c'est œuvrer pour notre bien-être physique et psychique.

Comment méditer ?

Dans un premier temps, c'est en adoptant la position assise, appelée posture en 7 points, que vous développerez la méditation. Une fois cette posture intérieure adoptée, il est possible de méditer partout, en mouvement et en activité.

Quand méditer ?

Tous les jours, quelques minutes à heure fixe (de préférence le matin) sont plus profitables que de longues sessions irrégulières. Car ce que nous apprend la méditation, c'est la stabilité.

Où méditer ?

Chez vous, dans un endroit calme dans un premier temps, dans la nature, près d'une rivière, en forêt. Puis progressivement, vous pourrez méditer partout: dans un train, au bureau, en voyage...

Les 7 AXES de ma POSTURE

Lorsque nous apprenons à méditer, il est plus facile de stabiliser notre esprit dans la position assise. Cette posture en 7 points vous servira d'appui pour stabiliser votre esprit. Une fois que votre corps et votre esprit seront synchronisés dans l'assise, vous pourrez pratiquer la méditation en mouvement, dans la marche, dans l'activité…

L'assise : asseyez-vous sur un coussin assez dense pour relever l'assise d'environ 12 cm et stabiliser les lombaires. Asseyez-vous en lotus ou en demi-lotus ; en tailleur, la jambe gauche dans le giron et la jambe droite par-dessus. Les Japonais méditent en *seiza*, à genoux, assis sur les talons. Certains petits tabourets de méditation permettent aussi une assise confortable.

La colonne vertébrale : pour que votre méditation soit juste, soyez présent à chacune de vos vertèbres. Maintenez la colonne justement tendue, ni trop ni pas assez.

Les épaules : elles jouent un rôle-clé dans la méditation. Soyez présent à leur détente pour qu'elles ne véhiculent aucune tension dans le torse ni dans les bras. Avant de méditer, faites rouler plusieurs fois les épaules.

La nuque : elle est légèrement inclinée. Le cou n'est ni trop droit, ni trop penché. Observez les statues du Bouddha. Cette très légère inclinaison du visage permet une meilleure introspection.

Les mains : la main droite est délicatement posée dans la main gauche. Symboliquement, c'est la main gauche (dimension féminine) qui accueille la main droite (dimension masculine). Les pouces se touchent presque ; la tradition invite à laisser entre les deux pouces l'espace d'un grain de riz. Vous pouvez aussi laisser reposer les mains délicatement sur vos genoux.

Le regard : il est dans le prolongement de l'arête du nez. Certaines méditations se déroulent les yeux grands ouverts pour favoriser l'attention vigilante ; d'autres les yeux fermés pour faciliter les visualisations. Dans votre méditation quotidienne, baissez légèrement le regard vers le sol. Dans cette posture, les paupières mi-closes, vous êtes à la fois attentif à ce qui se joue dans votre corps et présent à votre environnement.

La langue : dans la posture en 7 points, la langue est relâchée dans sa position naturelle. La pointe de la langue touche la base des dents.

10 min

Ma première méditation

Pour ma toute première pratique, je m'attache à expérimenter les 7 points de ma posture.

1 Mon assise

2 Ma colonne vertébrale

3 Mes épaules

4 Ma nuque

5 Mes mains

6 Mon regard

7 Ma langue

« Comment utiliser mon journal de méditation »

Chacune de ces pages me permettra de noter mes commentaires, mon ressenti, mes sensations ; comme un journal intime, mon journal de méditation est le témoin de mon évolution. Je peux utiliser les pages de mon journal de méditation pour noter mes commentaires, mon ressenti... Si je manque de pages, je peux reproduire ce modèle dans un carnet.

MON JOURNAL DE MÉDITATION

Date : 13/03/16 **Heure :** 21h15 **Durée :** 5min

Posture : Assise

Lieu : Chambre d'Arthur -

Support : Les 7 points de ma posture

Intention : Faire le vide - Me détendre.
Sentir mon corps

Ressenti : Posture inconfortable → pas le bon coussin?
Mal au dos & au cou.

Agréable d'entendre le silence -
Ne penser à rien qu'à son corps.

Je suis la ligne.

À chaque fois que mon esprit s'égare,
que mes émotions m'éloignent,
que je perds le sens de ma vie,
je reviens à mon centre.

Je médite.
Je retrouve mon CALME.

Lorsque je médite,
j'observe mes pensées.
Je ne cherche pas à les ralentir,
à les empêcher de surgir ou à les limiter:
ce serait impossible. Je me concentre juste
sur ma respiration et je laisse filer mes pensées,
comme dans le ciel passent les nuages.
Quelle que soit la densité des nuages, derrière eux,
le soleil brille. Quelles que soient mes pensées,
derrière elles, mon esprit est clair et léger.

J'observe mes pensées.
Je demeure immobile et me concentre sur ma respiration. Chaque fois qu'une pensée surgit, je l'observe paisiblement comme on observe les nuages dans le ciel et je prononce mentalement: **Pensée !**

Il faudrait que je montre ce carnet à Julie; ça lui plairait. Tiens, il y a longtemps que je n'ai pas eu de ses nouvelles, à Julie, je me demande si elle est toujours avec Marc ... **Pensée !**

Il est intéressant ce livre, il me fait penser à un autre livre que j'avais lu sur la méditation ... **Pensée !**

Ça sent le café... il y a longtemps que je ne suis pas allé boire un café en terrasse, la dernière fois c'était avec qui déjà? **Pensée !**

Ah... ça y est; je crois que j'arrive à ne plus penser ... **Pensée !**

Bon ça commence à bien faire cet exercice ...C'est fatigant ces pensées... Elles sont toujours en mouvement ... **Pensée !**

Oh je n'aime pas rester immobile! De toute façon, je n'aime pas qu'on me dise ce que j'ai à faire. J'ai besoin de me sentir libre ... **Pensée !**

Lorsque le disciple est prêt,
le maître apparaît...

Proverbe tibétain

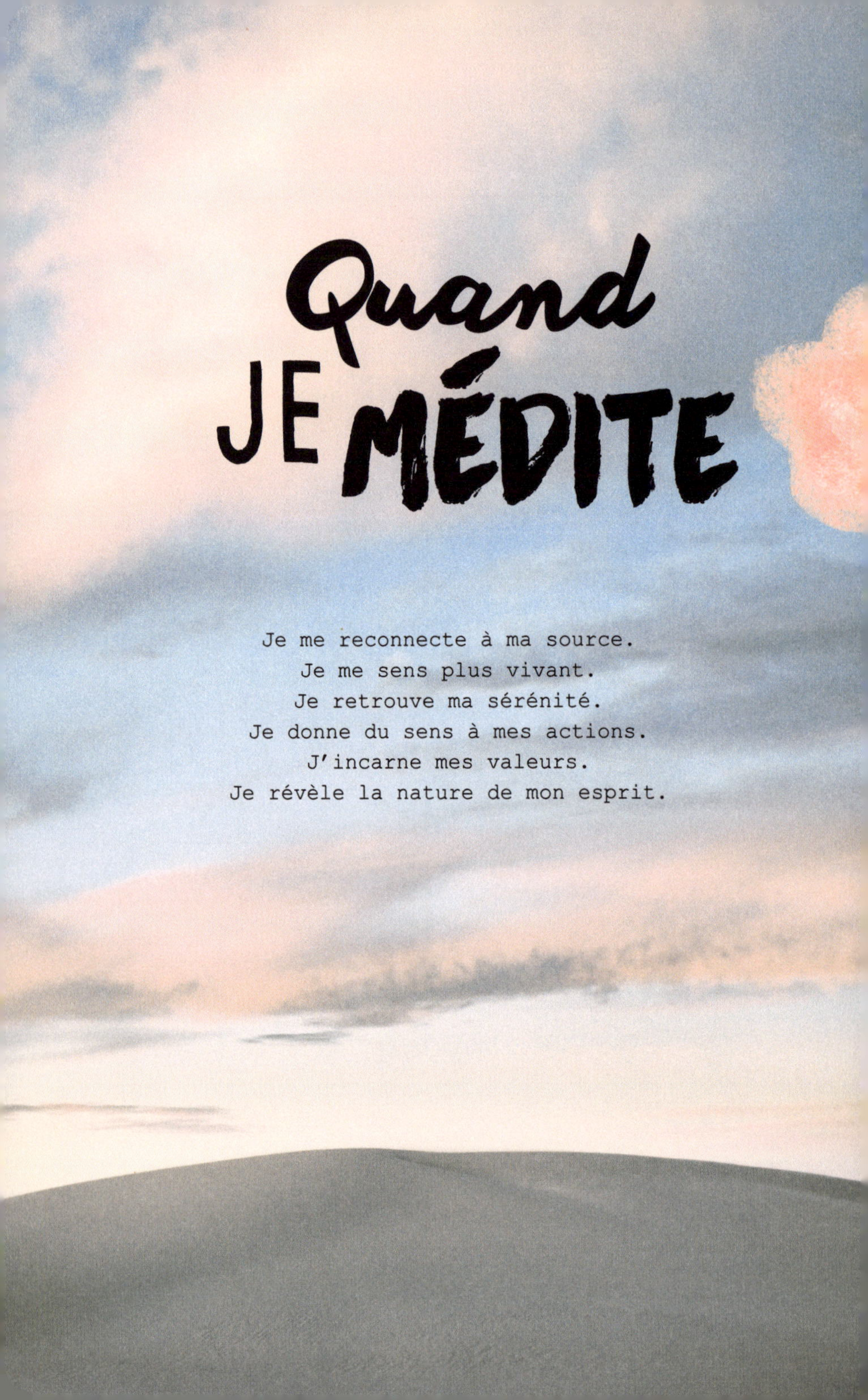

Quand JE MÉDITE

Je me reconnecte à ma source.
Je me sens plus vivant.
Je retrouve ma sérénité.
Je donne du sens à mes actions.
J'incarne mes valeurs.
Je révèle la nature de mon esprit.

Je colle **ICI**
une image de ce qu'évoque
pour moi la méditation ...

Ces petites bulles dans l'eau

Lorsque l'eau bout sur le feu,
il ne sert à rien de la remuer pour la faire refroidir
ou pour empêcher les petites bulles
de se multiplier.
Pour arrêter l'ébullition, je baisse le feu ; alors,
l'eau refroidit, et les bulles disparaissent.

Mon mental est comme cette casserole où bout de l'eau.
Mes pensées sont comme ces bulles
dans la casserole, toujours en ébullition.
Plus le feu est fort, plus les bulles sont nombreuses.
La méditation régule le feu sous la casserole.
En respirant profondément, j'abaisse la température.
Alors, l'eau refroidit et,
progressivement, les bulles disparaissent.

Quand le silence me parle

Quelques secondes sans rien faire,
tranquille, mon carnet à la main.

Être UN avec moi.
Étreinte avec mes sensations.

Il n'y a rien à comprendre,
rien à apprendre par cœur.
Je suis calme.

Je ne cherche pas à bien faire…
J'écoute les battements de la vie
et le souffle de ma respiration.
L'existence est le miroir de mon cœur.
Je regarde le miroir en moi.

Immobile,

ICI et MAINTENANT,

je demeure quelques instants.

Je médite.

Qu'est-ce que je ressens ?

J'apprends à NE RIEN FAIRE

J'ai tant appris à faire.

J'ai d'abord appris à marcher, à nager,
à faire du vélo, à manger avec une fourchette,
à dire merci et s'il vous plaît…

J'ai appris mes tables de multiplication,
la géographie et l'histoire, les règles de conjugaison.
J'ai appris à calculer un itinéraire,
à tenir un budget, à jouer d'un instrument.
J'ai appris à conduire, à lire une carte,
à me servir d'un ordinateur.

J'ai appris tant de choses
pour ne pas rester inactif.

Qui suis-je si je ne fais rien? Ai-je encore
de la personnalité si je demeure assis silencieusement,
la respiration profonde et les yeux mi-clos?
Ai-je toujours de la valeur,
si je suis immobile?
Suis-je toujours vivant,
si je suis calme?

Quand
JE MÉDITE,
qui MÉDITE
à travers MOI ?

10 min

10 Minutes SANS rien FAIRE

Je tente une expérience :
10 minutes, sans rien faire.

Être ici et maintenant.
Être UN avec moi.
Laisser venir mes sensations.
Rien à comprendre, rien à apprendre.
Me détendre, être dans mon cœur.
Je ne cherche pas à bien faire.
J'écoute les battements de la vie
et le souffle de ma respiration.
Immobile, je demeure quelques instants.
Ici et maintenant.
Je médite.

MON JOURNAL DE MÉDITATION

Date : **Heure :** **Durée :**

Posture :

Lieu :

Support :

Intention :

Ressenti :

Mon TABLEAU de vision

Je découpe en conscience
des photos sur des magazines.
Je les colle, je les assemble,
comme j'assemble ma vie.
Je crée mon décor, ce à quoi j'aspire
profondément; puis je laisse ces images
pénétrer mon esprit et l'inspirer.
Je médite en les regardant quelques minutes.

J'AI toujours le CHOIX

Terminé les devoirs, les obligations,
les « il faut » ou « je dois ».
Ce qui me fatigue, ce n'est pas d'aller faire
les courses, ou de répondre aux mails, c'est l'état
intérieur qui sous-tend ces actions. C'est l'impression
d'une routine, d'une obligation ou d'une punition.
Quand j'ai le sentiment de ne pas choisir,
je perds mon énergie vitale, ma joie et mon élan.
Je médite sur ce que je veux profondément.
Je prends conscience de mon libre arbitre
pour me libérer des corvées. J'ai toujours le choix.
Je reviens à ce qui m'anime.
Je prends le temps nécessaire pour me recentrer.
Je retrouve le pouvoir sur ma vie.
Je vérifie mes motivations :
est-ce que j'agis par habitude ?
Pour incarner mes valeurs ?
Pour faire plaisir ?
Je réorganise mon rythme en conscience :
qu'est-ce qui est vraiment important pour moi ?
Quel moyen je mets en œuvre pour l'obtenir ?
Où est-ce que je souhaite investir mon énergie ?

Je me réapproprie le sens de la responsabilité.
Je retrouve ma souveraineté.

Aujourd'hui,
je pose 10 choix en conscience.

(pour cette journée, cette semaine ou toute la vie !)

1

2

3

4

5

6

7

8

9

10

Du matin
jusqu'au soir,
je médite,
car telle est
ma nature.

Une AUBE claire

Dès le réveil, je prends soin de me retrouver.
Je me « réincarne ». Lentement…
Intimité des premières heures du jour. Je quitte
l'univers onirique. Je ferme la porte de mes rêves,
en douceur. Je demeure immobile dans mon lit.
Progressivement, je réveille mon corps alangui,
en partant du crâne jusqu'aux orteils.
Je tends et détends mes poignets, mes avant-bras,
mes mollets. Je m'étends lentement… Comme un chat…
Je respire profondément. C'est bon de ressentir
mes muscles s'étirer.

Cette nuit, mon esprit a voyagé
alors que mon corps reposait, immobile.
Au réveil, je renoue le lien corps-esprit.
Je m'habite, je respire profondément
et en conscience. Je masse mes mains,
mes poignets, mon ventre, mon visage.

Je me sens vivant.
Je me sens présent.
Je me sens entier.

Bonjour !

SOUS la douche LA vie

Sous la douche, je reviens à moi… Silence.
L'eau coule sur ma peau, sur mes cheveux. Présence.
Je ressens la moindre goutte. Je n'anticipe pas
ma journée, zéro projection. Je suis présent à ma douche.
Je sens le savon glisser sur ma peau. Sensualité,
caresses de mousse, douceur du corps, le temps s'émousse
sans effort. Je respire profondément. Sous la douche,
mes pieds sont stables. Je suis pleinement
à ce que je fais. Je sens le parfum du savon,
de l'huile de bain, de la crème. La douche me fait
du bien. Avec l'eau, je purifie mon aura, sans effort…
J'asperge quelques gouttes autour de moi, elle devient
douche de lumière et purifie mon corps énergétique.
Au revoir les mémoires de la nuit.
Adieu inquiétude et stress avec l'eau de la douche.

Ma douche est un rituel.
Ma salle de bains
est un temple.

Je respire profondément.
Sous la douche,
je médite.

Ma SALLE de bains ZEN

Je jette les vieux tubes, les produits périmés.
Je choisis de jolis flacons pour le plaisir des yeux.

Il suffit d'un rien pour changer l'énergie du lieu
et en retrouver le calme.

Une bougie, un bâton d'encens,
un joli miroir, un flacon d'antan.
Vider les placards, prendre un peu de temps !
Ma salle de bains est un temple des sens.

Les 10 rituels qui me relient à mon corps

1.
2.
3.
4.
5.
6.
7.
8.
9.
10.

L'art du petit déjeuner

Thé au jasmin, bergamote, café de Colombie ou camomille, plateau au lit, confiture d'orange, pain brioché, table en famille…

Le petit déjeuner est un moment précieux
pour renforcer ma pleine conscience.
Lentement, je prépare le premier repas
de la journée. À l'aube, les sens sont en éveil.
Je privilégie le calme, le silence, si possible
la solitude. Je suis attentif à chacun de mes gestes.
J'accompagne chaque mouvement matinal.
Je suis uni à mon corps physique.
Je développe des gestes lents et conscients.
La préparation du petit déjeuner devient une danse,
un rituel. Je choisis la vaisselle, les céréales.
C'est réel. Je coupe délicatement chaque fruit.
Dans le même temps, je conscientise mon ancrage,
ma colonne vertébrale, ma respiration.
Je ralentis le rythme…

Je respire profondément.
Ce matin, en préparant mon petit déjeuner,
je médite.

Ma recette énergisante

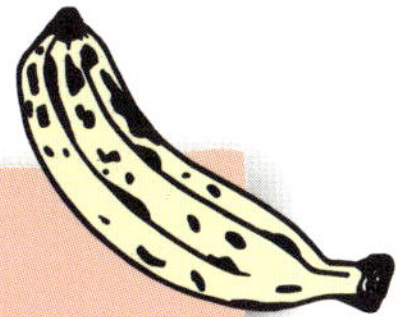

- Dans un bol, écrasez une banane mûre
(c'est quand elle est bien mûre
qu'elle contient le plus de vitamine K).
- Ajoutez 1 cuillerée d'huile d'olive
et 1 cuillerée d'une autre huile au choix
(lin, tournesol, carthame, colza).
- Broyez (au moulin) et intégrez 1 cuillerée
à café de graines de lin et autant de graines
de sésame, quelques noisettes et amandes.
- Pressez, puis ajoutez le jus d'un demi-citron.
- Mélangez le tout pour former une bouillie.
- Coupez en fines lamelles ½ pomme (bio
de préférence) ainsi qu'un autre fruit
de saison, au choix (évitez les agrumes).
- Colorez votre bol d'une feuille de menthe.

Accompagnée d'un thé, d'une eau chaude ou d'une tisane, cette préparation suffit à vous apporter l'énergie nécessaire pour le petit déjeuner.

Durant toute cette préparation,
soyez totalement présent à vos gestes.

Recette inspirée par
Dr Catherine KOUSMINE

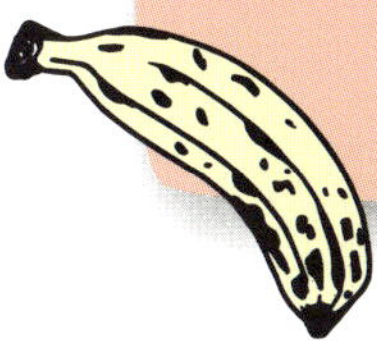

SUR ma langue

Je croque dans une feuille de menthe poivrée.
Je laisse fondre un grain de gros sel
sur ma langue granulée.
Sur une graine de moutarde, je m'attarde.
Un carré de chocolat.

Je me détends, je respire profondément.
Je ressens fondre le carré de chocolat
ou le grain de gros sel sur ma langue.
Je ressens la texture, la forme fondre
dans ma bouche, glisser sur mes dents, caresser
mon palais. Lentement, progressivement.
Dans le même temps, je me tiens stable.
Présent ici et maintenant dans
ma respiration et ma verticalité.

EN MÉDITANT, *je redécouvre* LE GOÛT

Je note les 7 aliments qui excitent le plus mes papilles ...

1 ______

2 ______

3 ______

4 ______

5 ______

6 ______

7 ______

le temps
d'un repas

Je mange EN CONSCIENCE

Attentif à l'acte de manger,
je prends mon temps pour déguster.
Je bannis télé, radio, téléphone.
Je redécouvre les saveurs, les goûts,
les odeurs, les textures.

Je suis présent à la mastication.
Je mâche 32 fois (autant qu'il y a de dents)
chaque bouchée avant de l'avaler. Je repose
ma fourchette lorsque je mastique. Ainsi, mes glandes
salivaires favorisent la digestion et l'assimilation
des nutriments. Je ne mange plus pour compenser
les manques émotionnels, je ressens mieux
les quantités absorbées.

Je ne remplis mon estomac qu'aux 2/3 pour favoriser
ma digestion. Un estomac trop plein fait l'effet
d'une machine à laver trop remplie ; le broyage,
le malaxage, la transformation ont besoin de place.

Je me connecte à la qualité nutritive des aliments
que je consomme, aux vitamines, aux protéines
nécessaires à mon énergie vitale, à ma concentration
et à mon dynamisme.

MON JOURNAL DE MÉDITATION

Date : **Heure :** **Durée :**

Posture : Assise, à table

Lieu :

Support :

Intention :

Ressenti :

Pour le PLAISIR DES yeux

Quand je mange, j'affine chacun de mes sens.
Je goûte avec les yeux. Je choisis mes couleurs,
je dispose mon assiette, je crée les harmonies,
je m'amuse, je cherche le beau.
Je mets en scène mon décor.

Nous sommes ce que nous mangeons.
Mon assiette reflète mon rapport à la vie.
La délicatesse, le raffinement s'incarnent
dans ces petits gestes quotidiens.
En créant des plats délicats, je deviens plus délicat.

Mon assiette est un mandala.
Elle incarne mon rapport à la sensualité, à l'harmonie,
à l'équilibre. La plénitude de la méditation se tisse
et se joue partout et en tout. La plénitude s'incarne
aussi dans la préparation de mes repas.

***C'est à la qualité de présence de ses gestes
ordinaires que l'on reconnaît un être extraordinaire.***

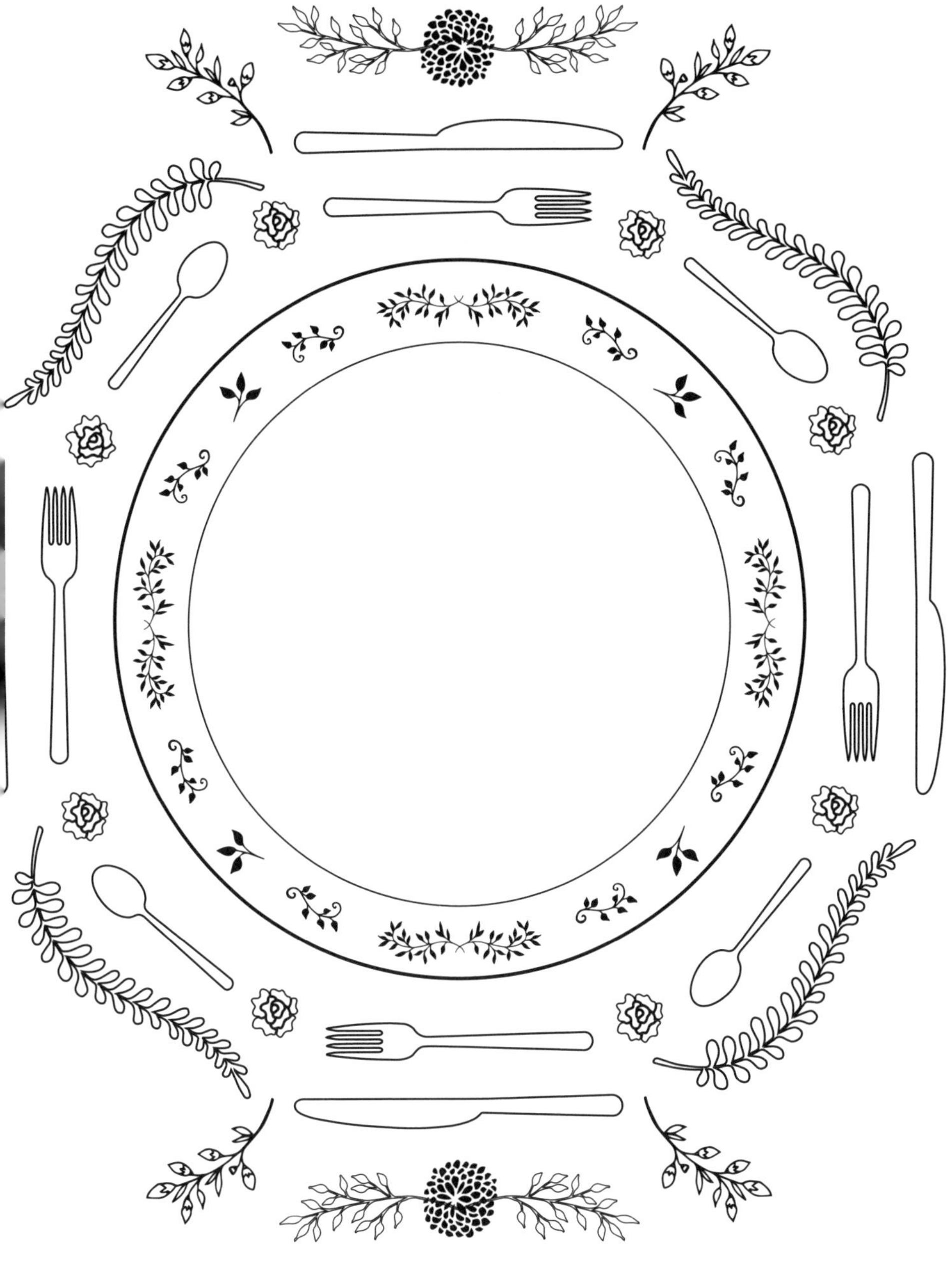

DE lin et de COTON

Je choisis mes vêtements avec soin.
Quelle couleur me fait du bien ce matin ?
Le rouge pour me dynamiser. Le vert d'eau pour
m'éclairer. Le bleu ciel pour m'évaporer.
Je passe différentes couleurs devant la glace ;
lesquelles mettent mon visage en valeur ?
Lesquelles éclairent mon teint et mon regard ?
Je recherche également les matières ;
celles qui m'apaisent, qui m'alourdissent ou m'allègent ;
j'évite les rêches, qui me grattent…
Je vérifie enfin la forme des vêtements ;
quelle forme tombe naturellement sur moi ;
quelle forme me moule ou m'amplifie ?
Ni serrés ni trop larges ;
juste des vêtements dans lesquels je rayonne.

10 façons de vivre une journée en pleine conscience

Le secret de la présence réside dans la lenteur.
Pour commencer, je choisis dans cette liste
un moment de la journée pour m'entraîner
à la pleine conscience.

Plus tard, je pourrai en réaliser plusieurs, suivant ce qui me convient le mieux.

1. Au réveil, avant de quitter le confort de mon lit, avant de me mettre en mouvement, je passe en revue l'intégralité de mon corps, des orteils au sommet du crâne.

2. Pendant le petit déjeuner, je suis attentif à toutes les sensations qu'il me procure : l'odeur du café qui se prépare, la texture du carré de sucre, la belle couleur dorée du pain grillé, le fondant du beurre. Je mâche lentement, je savoure.

3. Quand je prends ma douche, je sens la chaleur de l'eau qui coule sur mon corps, la puissance du jet d'eau qui détend mes épaules, l'odeur du savon qui restera toute la journée sur ma peau.

4. Pour choisir ma tenue du jour, je pose mon attention sur les vêtements que j'envisage, je ressens la texture, le poids, la douceur de leurs matières. Je me visualise les portant.

5. Quand je sors de chez moi, je fais attention à chacun de mes pas, je sens le passage d'un pied à l'autre, je m'aperçois de cet équilibre constant, je réalise le moment précis où mes muscles se tendent et se détendent, je m'appuie sur mes talons, ma voûte plantaire, mes orteils.

6. Dans les transports, je pose mon attention sur les bruits qui m'entourent, le léger bourdonnement des conversations, le claquement des portes, l'annonce des arrêts. Je synchronise cette attention vigilante avec ma respiration profonde.

7. Au milieu de la matinée, pour couper le mode automatique, je prends quelques minutes pour décomposer mes gestes : je ralentis quand je tourne la tête ou que je prends mon stylo, je décompose la trajectoire de mes doigts, de mes poignets. Je ralentis jusqu'à percevoir le moindre des mouvements de chacun de mes membres.

8. Au moment de la pause, quand je discute avec un collègue, je choisis de poser toute mon attention sur la conversation, je suis attentif à ce qui est dit, aux mots, aux gestes, aux réactions.

9. Après le dîner, je profite des quelques minutes du rangement ou de la vaisselle pour revenir dans l'instant, je prête attention à mes mouvements, au passage de l'eau entre mes doigts, je nettoie chaque couvert minutieusement, en restant en lien avec ma respiration.

10. Au coucher, au moment de retrouver le confort de mon lit, avant de m'endormir, je passe en revue l'intégralité de mon corps, des orteils au sommet du crâne.

Les 10 MOMENTS ZEN de ma journée

1

2

3

4

5

6

7

8

9

10

3 min

Avant de dormir

Le rêve est un autre espace
que je peux visiter en pleine conscience…
Lorsque je rêve, je peux dialoguer avec mon esprit,
voyager dans des espaces choisis, orienter ma vie…

Avant de m'endormir, je pose l'intention
de rêves de clarté. Je m'allonge sur
le dos, mes deux mains sur l'abdomen.

Je visualise une lumière rouge au niveau de mon
bas ventre qui se densifie à chaque respiration.
Ainsi, mon mental se calme et s'apaise.

Je mets de la présence partout dans mon corps.
Je sens toutes les parties de mon corps en contact
avec le matelas, puis celles en lien avec le drap.

Je respire profondément.

Je visualise un rayon de lumière violet
au niveau de mon troisième œil.
À chaque expiration, le rayon monte dans le ciel.
À chaque inspiration, il revient entre mes sourcils.

Je synchronise ce mouvement sur ma respiration 21 fois.

Ainsi je m'endors
En conscience
En paix
Calme

MON JOURNAL DE MÉDITATION

Date : **Heure :** **Durée :**

Posture : Allongée, sur le dos

Lieu :

Support :

Intention:

Ressenti:

J'inscris un message sur un papier.

Un message d'espoir, d'encouragement,
d'amour, un message anonyme... Je le glisse
entre les pages d'un livre à la bibliothèque,
derrière les essuie-glaces d'un pare brise,
je le dépose dans une boîte aux lettres,
je le glisse dans un ballon gonflable
que je laisse s'envoler.

Je lâche prise.

Tant que **vibre** en moi
mon attention **vigilante**,
tant que je **sens**
la chaleur de mon corps,
de mon élan et de **ma foi**,
tant que **j'écoute**
la flamme qui m'anime,
je suis **vivant**.

Je STABILISE ma méditation

En m'entraînant
à la méditation assise,
je développe stabilité et concentration.
La méditation maintient ma paix intérieure
en toutes circonstances.

JE STABILISE

MON ATTITUDE PHYSIQUE

MON SOUFFLE

MON ATTITUDE MENTALE

Je crée mon temple

L'endroit où je médite est précieux.
C'est le lieu sacré que je retrouve jour après jour.
Avec l'expérience, je pourrai méditer partout ;
dans un premier temps en revanche, je crée mon temple.
J'y consacre un petit espace dans mon logement.
À moins de vivre dans une grande maison, il est rare
de disposer d'une pièce entière pour la méditation.
Je trouve un endroit calme : 1 mètre carré suffit !
Mon coin à moi. Mon nid. L'endroit de la maison dont
je prendrai soin plus que tout. J'y pose mon coussin
et un zen pour couvrir mes jambes, mes épaules
et mon carnet. Que mon inspiration soit bouddhiste,
chrétienne ou laïque, j'habille l'endroit
de quelques photos ou objets qui m'inspirent :
une jolie pierre, une bougie, une fleur qui
m'invite à la beauté, une coupelle d'eau,
un bâton d'encens… Ce qui est important,
c'est l'intention que je pose en habitant mon espace.
Plus il sera harmonieux, plus il me
soutiendra dans ma méditation.

Je colle **ICI**
une photo (ou un dessin)
de mon **temple** :

Un temps pour méditer

La constance et la persévérance deviennent
mes alliées ; elles stabilisent le cadre
dans lequel je renforce ma méditation.

JE DÉVELOPPE MA STABILITÉ

Si mes résistances et mes pensées vagabondes
se présentent, je les accueille.
Avec vigilance, je demeure le dos droit.
La stabilité de l'esprit repose
sur l'immobilité du corps.
La stabilité du corps s'acquiert par l'entraînement.

JE DÉVELOPPE MA PERSÉVÉRANCE

Je développe la stabilité de ma méditation
en programmant des rendez-vous courts
et réguliers, 10 minutes par jour. Avec l'expérience,
cette durée se prolongera naturellement.

- [ ] Je m'engage sur un cycle de **3 jours.**
- [ ] Je m'engage sur un cycle de **7 jours.**
- [ ] Je m'engage sur un cycle de **21 jours.**

JE DÉVELOPPE MA RÉGULARITÉ

Le matin au lever et le soir avant de m'endormir
sont des périodes privilégiées pour méditer.

JE DÉVELOPPE MA MÉDITATION

Constance

Persévérance

Régularité

Bienveillance

Stabilité

RADIO *mental*

Le mental, c'est 80 000 pensées par jour !
Derrière le flot de mes pensées,
je perçois le silence de mon être.
Derrière la dureté de mes jugements,
je perçois la douceur de mon cœur.

Je coupe « radio mental ».
Pour cela, je pose mon attention sur ma posture
et ma respiration. Si mes pensées s'agitent,
je les laisse danser entre elles.
En me concentrant naturellement
et sans tension sur ma respiration abdominale,
mes pensées deviendront moins nombreuses.
Je suis présent à ma respiration,
je suis présent à mes sensations
corporelles ici et maintenant.

le chat et le ROI

Seul le chat ose regarder
le roi dans les yeux.
Tandis que le roi élabore des stratégies
pour conserver son pouvoir,
le chat rayonne dans l'immobilité.
Il se prélasse pendant des heures.
Si le monde s'agite,
le chat s'éclipse
et va s'étendre plus loin,
au soleil.

JE SUIS COMME
LE CHAT.
JE SUIS IMMOBILE.
JE N'AI PAS D'ATTENTE.
JE ME SENS LIBRE.
DANS MON COEUR,
JE RONRONNE.

10 min

MES SUPPORTS

Je médite sur la flamme d'une bougie.

Je suis assis, dans une pièce sombre,
attentif aux 7 points de ma posture.

Je pose une bougie à 1 mètre devant moi.
Je fixe mon attention sur ma posture,
mes sensations corporelles et ma respiration.
Puis, je pose mon attention sur la bougie.
Rouge, jaune, bleue: j'observe la flamme
qui danse, ses trois couleurs.
Je respire profondément.
Toute mon attention est focalisée
sur la flamme. Je ressens l'énergie chaude
et vivante qui danse dans ma colonne.
Je regarde la bougie,
je sens la flamme en moi,
stable et vivante.

MON JOURNAL DE MÉDITATION

Date : **Heure :** **Durée :**

Posture : Assise

Lieu :

Support :

Intention:

Ressenti:

TOUT est support AU calme

La flamme d'une bougie,
les sensations dans mon corps,
ma respiration,
le clapotis d'un torrent,
mon environnement…
En moi et autour de moi,
tout est support à la méditation,
tout est support au calme.

MES 7 SUPPORTS DE MÉDITATION PRÉFÉRÉS :

1

2

3

4

5

6

7

Une fleur

Je regarde une fleur attentivement.
Durant cette observation,
je suis présent à moi,
à ma respiration,
à ma colonne.

Avec calme, je distingue
tous les détails de la fleur :
la délicatesse de son pistil,
l'éclat et la fragilité de ses pétales.
Je ferme les yeux pour retrouver
mentalement l'image de la fleur ;
j'ouvre et je ferme les yeux plusieurs
fois jusqu'à ce que l'image mentale
corresponde exactement
à la fleur en face de moi.

Avec la même qualité de présence,
je colorie les fleurs ci-contre.

5 min

Je médite sur les sons

Le son est un support,
ma voix est un instrument qui me permet
de me relier, de me connecter ;
j'utilise les sons de ma voix pour me recentrer,
me reconnecter, revenir dans mon corps.

Je pose une main sur mon plexus solaire, je chante
le son OM en visualisant une lumière orange.
Je sens que ma voix prend sa source dans mon hara
(mon centre vital, situé à 2 doigts sous mon
nombril). Je chante trois fois ce son.

Je pose ma main sur mon plexus solaire,
je chante le son AH en visualisant
une lumière verte. Ma voix prend sa source
dans la poitrine. Je chante trois fois ce son.

Je pose ma main sur ma gorge, je chante le son HOUNG
en visualisant une lumière bleue. Ma voix prend
sa source dans ma gorge. Je chante trois fois ce son.

Enfin, je chante les sons OM AH HOUNG
plusieurs fois en boucle en visualisant
les lumières orange, verte et bleue.

MON JOURNAL DE MÉDITATION

Date : **Heure :** **Durée :**

Posture :

Lieu :

Support :

Intention:

Ressenti:

Typographie

Je relie les pleins et les déliés,
les jambes et les cédilles, en douceur.
Peu importe ce que j'écris: les lettres de l'alphabet,
des mots ou phrases sans queue ni tête, une citation
qui me touche… l'exercice réside dans la pratique
de l'écriture, dans le plaisir à prendre un stylo,
dans l'application à laisser
une trace sur le papier.

Je rédige ces lignes en conscience.

a

B

C

D

e

f

g

h

i

j

K

Méditer,
c'est habiter
son **corps**.

Vêtir son corps de soi

À travers mon corps,
je réalise la grande aventure de l'incarnation.
Je ressens la vibration de chacune
de mes cellules. Je me sens vibrant.

Je sens le fauteuil sous mon coccyx. La vie circule
dans mes jambes, dans mes muscles. Je suis attentif
au chaud, au froid, aux picotements, à l'impression
d'être serré, à l'étroit, dans mes hanches, mon abdomen.
Je sens le contact de ma peau avec mes vêtements,
le coton, le lin. Je ressens tout. Ma poitrine,
mes bras, la chaleur dans mes mains… Je perçois chaque
vertèbre le long de ma colonne. Je ressens l'axe
de mon être. J'allonge ma nuque, je masse mon visage.
Je suis présent dans ma bouche, je me sens déglutir.
Je perçois toutes les sensations de mon corps.

Infiniment précis, infiniment précieux,
cet instant d'infini.

Je me sens incarné,
de plus en plus vivant !
Je respire profondément. Je médite.

15 min

Voyage au CENTRE de MA TERRE

Je pose ma concentration sur mon squelette.
J'inspire, mes os se colorent d'un beau jaune doré.
J'expire, cet or irradie dans mon squelette.
Je sens mon bassin, ma colonne vertébrale,
ma moelle épinière. Je respire profondément.
Je ressens précisément chaque vertèbre
l'une après l'autre. Chaque côte.

Je pose ma concentration sur les os de mes bras :
humérus, cubitus, radius. Les osselets de mes mains,
carpes, métacarpes vibrent en moi ; se frottent
cartilage contre cartilage dans mes bras, mes mains,
mes jambes, le long des fémurs,
des genoux, des tibias.

À chaque respiration, mes os prennent
la couleur de l'or.
Je pose ma concentration sur mon crâne,
mes mâchoires. Je demeure quelques instants
attentif au point plus élevé de mon crâne,
chakra de Brahma, la porte du Ciel.

MON JOURNAL DE MÉDITATION

Date : **Heure :** **Durée :**

Posture :

Lieu :

Support :

Intention :

Ressenti :

Je suis PRÉSENT

OÙ SUIS-JE ?

Quand je marche, obsédé par ma destination.
Quand je range en gambergeant
sur la dispute du matin.
Quand je cours dans tous les sens.
Quand je mange devant l'ordinateur.
Où suis-je, dans tous ces instants
qui m'éloignent de moi-même ?

J'apprends la présence.

Je suis présent au moindre de mes actes.
J'habite mon corps. Concentré et attentif,
je fais l'expérience de ***la pleine conscience***.

Quand je marche, je ressens chacun de mes pas.
Quand j'écoute quelqu'un,
je l'accueille attentivement.
Quand je salue un proche,
je tisse minutieusement la qualité du lien.
Quand je fais un geste,
je le synchronise à mon intention.
Quand je me lave les mains,
j'ai conscience de l'eau
qui coule sur mes paumes.

C'EST DANS LA PRÉSENCE
QUE RÉSIDE LE SECRET.
LE SECRET DE LA CONSCIENCE.
LE SECRET DE LA PAIX.
LE SECRET DU COEUR.

PAR MA PRÉSENCE,
JE QUITTE MON MONDE
POUR VIVRE DANS LE MONDE.

Le secret de la PRÉSENCE

Le secret de la présence réside dans la lenteur.
Pour développer la pleine conscience,
je ralentis mes mouvements.
Je déploie ma patience.
Pendant quelques minutes,
je divise par deux la vitesse de mes gestes.

Je marche,
je sens le passage d'un pied à un autre;
équilibre constant.
Je sens le moment précis où mes muscles se tendent;
je m'appuie sur mes talons, mes orteils.
Je ralentis lorsque je tourne la tête;
lorsque je saisis un objet,
je décompose la trajectoire de mes doigts,
de mes poignets.
Je ralentis jusqu'à percevoir
le moindre des mouvements de chacun de mes membres.

Ainsi progressivement,
en mouvement,
je médite.

Je me sers un verre d'eau,
j'arrose les plantes,
je me lave les mains.

Je suis totalement présent à ce que je fais.
Ici et maintenant.
Toutes mes sensations sont augmentées.

Je réalise un mouvement en pleine conscience.
Ce que je ressens alors :

AU BOUT de mes DOIGTS

Je découpe trois matières différentes
(tissus, végétal, carton, papier…).

Je les colle dans mon carnet.

Je passe mes doigts
l'un après l'autre sur les trois matières;
les yeux fermés, je ressens les aspérités, les reliefs.
Laquelle est la plus douce?
Quel est mon doigt le plus sensible?

Matière 1

Matière 2

Matière 3

Lorsque **ma main caresse** une chaise, une assiette, le bord d'une table, je maintiens cette **qualité** de **présence** au bout de mes doigts.

10 min

Ma force vive

Mes muscles dynamisent chacun de mes mouvements.
Crampes et douleurs sont le fait d'un manque
de conscience à notre masse musculaire.
J'écoute mes muscles abdominaux, mes pectoraux.
Je tends et détends mes biceps, mes triceps.
Je suis attentif aux étirements et aux relâchements
de mes muscles à chaque mouvement.

À la base du cou, mes épaules, mes trapèzes se détendent,
enfin à l'aise. Je suis présent à mes muscles,
à la force vive de mon corps. Je pose ma concentration
sur mes cuisses, mes mollets.
Merci, mes muscles : dans la lenteur,
par la précision de vos mouvements, je marche,
je cours, je m'allonge et je me détends.

Je respire profondément.
Présent à tous les muscles de mon corps.
Je médite.

MON JOURNAL DE MÉDITATION

Date : **Heure :** **Durée :**

Posture : Couchée (5 min), puis assise (5 min)

Lieu :

Support :

Intention:

Ressenti:

Au coeur de mon corps

Mon corps, mon image, ma silhouette
sont trop souvent malmenés par les canons
de la beauté. Images des magazines, partout,
qui m'imposent ce que je devrais être,
à qui je devrais ressembler.

Mon corps a besoin de se sentir aimé.

De mon cœur émane ce pouvoir de réconciliation.

À chaque inspiration, je ressens des ondes d'amour qui
s'activent dans mon cœur. À chaque expiration,
cet amour se diffuse depuis ma poitrine, dans mes os,
sur ma peau, dans mes organes.
Mon cœur diffuse une énergie bienveillante.
Cette lumière éclaire mes parties blessées.
J'inspire 5 secondes, j'expire 5 secondes.
J'anime le feu de la vie.
Je diffuse cette lumière dans tout mon corps.

C'est moi dans la glace ?

Je respire profondément.
Dans la synchronisation de mon cœur
et de mon corps, je médite.

Les 10 ACTIONS qui me font du BIEN

Je retrouve confiance en moi et estime de moi lorsque je me fais du bien : exercice physique, belles images, musique douce, massage…

1

2

3

4

5

6

7

8

9

10

*C'est dans l'ici et maintenant
que la vie prend sa source.
Tout le reste n'est qu'images,
hologrammes, illusions
et projections du mental.*

5 min

Sur ma PEAU

La peau comme un voile entre l'intérieur et l'extérieur.
Le soleil me chauffe, je reçois une caresse,
ça me chatouille !
La peau agit comme un radar pour m'indiquer
la température, l'environnement.
J'ai la chair de poule. J'ai chaud, j'ai froid.
Je pose ma main sur mon ventre.
Je ressens le monde à travers les pores de ma peau.
Et si mon corps était totalement vide ?
Je ne suis qu'une enveloppe, une tente épidermique,
une toile vivante. À chaque inspiration,
je reçois une vague de lumière blanche.
Elle éclaire mon corps, de l'intérieur.
Je ressens mon ventre, mon dos, mes membres.
Je ressens l'élasticité de ma peau, sa texture,
sa souplesse. Je me sens vide et léger.

Je respire profondément.
Attentif à la conscience de ma peau,
je médite.

MON JOURNAL DE MÉDITATION

Date : **Heure :** **Durée :**

Posture :

Lieu :

Support :

Intention:

Ressenti :

L'IMMACULÉE
BLANCHEUR
COUVRE TOUTE
LA MONTAGNE.

Lorsque la neige fond,
où va le blanc ?

Koan japonais

Koan : petite citation source d'inspiration et de méditation.
Les koan viennent du Japon.

Je me concentre SUR CE QUI EST

Les injonctions du type «il ne faut pas stresser»
ou «il ne faut pas s'énerver» ne fonctionnent pas:
mon inconscient n'entend pas la négation.

Je me concentre sur des phrases positives
qui illustrent ce qui est
dans l'instant. Alors, naturellement,
mon corps physique et mes émotions s'apaisent.

Je suis présent à mon corps physique.

J'entends le va-et-vient de ma respiration.

Je sens mon assise sur le sol.

Je suis une belle personne et j'ai le cœur ouvert.

Les 5 phrases qui me font du bien
et me ramènent à l'instant présent !

1

2

3

4

5

C'est dans la respiration
que le temps prend son temps.

Mes 10 façons de ralentir le temps

1 ______________________

2 ______________________

3 ______________________

4 ______________________

5 ______________________

6 ______________________

7 ______________________

8 ______________________

9 ______________________

10 ______________________

Je DECOUVRE Mon souffle

Je m'appuie sur ma respiration
pour mieux ressentir mon corps… Vif, comme un chat !
Le chat respire profondément. Le nouveau-né respire
par le ventre. Je pose ma conscience sur mon
inspiration et mon expiration… J'écoute le silence
entre les deux mouvements. Comme un temps suspendu
entre deux notes de musique, entre deux mots d'amour.
Je sens l'air dans mes narines, le souffle dans mes
poumons. L'air que je respire, c'est le vent de la vie…
Je sens ma respiration dans tout mon corps.
Attention vigilante à chaque mouvement de mes poumons.
Je me sens vivant !

Ainsi présent à ma respiration, je médite.

Je suis présent
à ma respiration

Je médite

JE DEVIENS
MON **SOUFFLE.**
JE SUIS **LE VENT.**

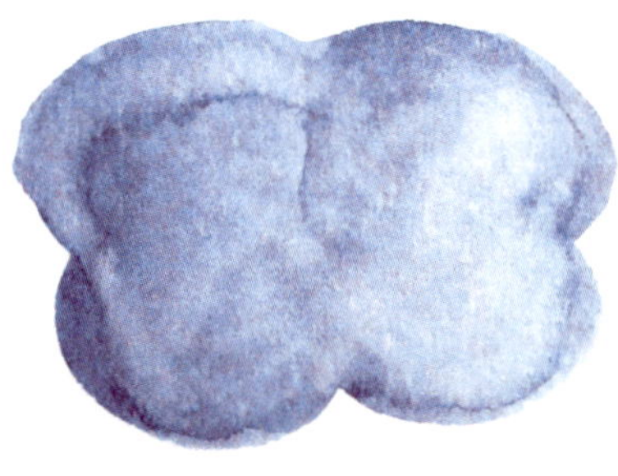

Le vent de la vie

Éolienne, cerf-volant, bateau à voile,
moulin à vent, depuis la nuit des temps,
l'homme veut dompter le zéphyr…
Le vent qui souffle sur les plaines,
claque les portes et souffle les bougies.
Mistral qui fait s'envoler les chapeaux,
alizés qui traversent les vêtements,
brise qui caresse ma joue.
Toi, le vent sur la terre, toi, le vent dans ma vie.
Les yeux fermés, je sais désormais t'apprivoiser.
Et te faire vivre en moi.
Je respire profondément pour réguler mes humeurs,
calmer mon esprit, et orienter ma vie.

expire

INSPIRE

expire

INSPIRE

expire

INSPIRE

La respiration est la clé de la stabilité.
Pour assoir mon ancrage, ma puissance,
ma sérénité, je redécouvre ma respiration.

Les dieux
donnent
à l'homme
à sa naissance
un volume d'air.
Quand il l'a dépensé,
il meurt.

La VAGUE éternelle

Je pose ma concentration sur ma respiration.
Une respiration profonde stabilise mon esprit.
J'étends mon inspiration sur 5 secondes.
Je maintiens l'apnée sur 5 secondes.
J'expire sur 5 secondes.
Je maintiens l'apnée sur 5 secondes.
Je reproduis ce rythme respiratoire 21 fois.

Le cycle de la vie circule en moi.
Inspire, expire.
Comme alternent les cycles
de la nuit et du jour,
de la lune et du soleil,
de la parole et du silence,
de la méditation et de l'action.

10 min

Le soleil et la LUNE

Je me tiens assis le dos droit.
J'inspire sur 5 secondes
en levant le bras droit. Avec le majeur droit,
je bloque la narine droite, j'expire profondément
avec la gauche sur 5 secondes.

Je retiens ma respiration 5 secondes.

Je repose mon bras droit.
Je lève le gauche en inspirant des deux narines.
Avec le majeur gauche, je bloque ma narine gauche
et expire avec ma narine droite
pendant 5 secondes.

Je retiens ma respiration 5 secondes.

Je reproduis ce mouvement respiratoire 21 fois.

MON JOURNAL DE MÉDITATION

Date : **Heure :** **Durée :**

Posture : Assise

Lieu :

Support :

Intention:

Ressenti :

Ma petite plume

Je trouve une plume de duvet dans la forêt,
dans un jardin, une couette, une doudoune…
À défaut de plume, je colle un brin de laine
ou un petit morceau de papier très fin.

Je la colle de façon qu'elle puisse être bercée par le souffle de ma respiration. J'expire sur 5 secondes, je vérifie que le mouvement de la plume est lent et régulier.

STABILITÉ

Ma stabilité repose sur
la profondeur de ma respiration.
Lorsque mes pensées surgissent,
je les laisse passer et maintiens ma conscience
sur mon souffle profond.

J'affine mon attention, mes sensations.
Je suis stable, comme un roc,
enraciné comme un chêne.
Je souffle délicatement sur une plume(avec le nez).
L'ondulation de la plume est constante
sur les 5 secondes de l'expiration.

L'ascenseur de lumière

Je visualise un ascenseur empli de lumière
qui va et vient le long de mon dos.
Je me tiens droit.
À chaque inspiration,
il descend jusqu'à mon coccyx.
À chaque expiration,
il monte au sommet de mon crâne.

L'ascenseur glisse le long de ma colonne,
épouse chaque vertèbre,
éclaire de lumière ma moelle épinière.
Je ressens sa présence tout le long de mon dos.
Je développe ainsi ma profondeur et ma verticalité.

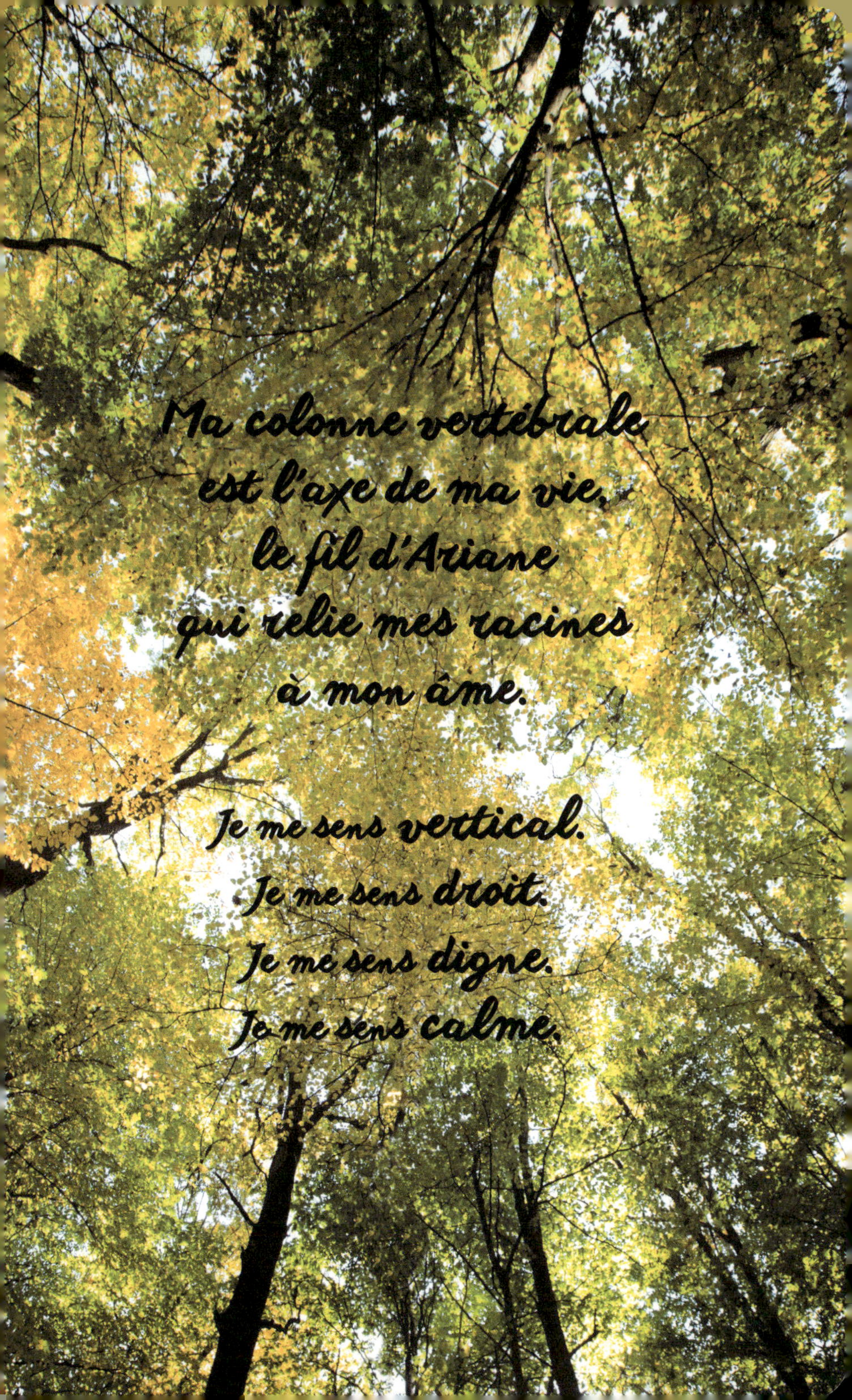
Ma colonne vertébrale
est l'axe de ma vie,
le fil d'Ariane
qui relie mes racines
à mon âme.
Je me sens vertical.
Je me sens droit.
Je me sens digne.
Je me sens calme.

L'EXPANSION

Ma respiration est profonde…
5 secondes pour l'inspiration, 3 pour la retenue,
5 secondes pour l'expiration, 3 pour la retenue.

À chaque inspiration, l'oxygène, source de vitalité,
pénètre mes poumons, à chaque expiration,
cette vitalité nourrit chacune de mes cellules,
de mes orteils à mes oreilles.

Je reproduis ce cycle de respiration 21 fois.

J'ouvre
mes bras en grand.
J'embrasse le monde.
Ainsi dans une
respiration profonde,
je médite.

5 min

L'envol

Je me tiens assis,
le dos droit, les pieds bien ancrés.
Alors que j'inspire, je lève mes bras
à l'horizontale devant moi, jusqu'à voir mes mains
tendues au niveau de mon regard.
J'expire et mes bras se réalignent
le long de mon corps.
Je maintiens un cycle 5 x 3 x 5 x 3.
J'inspire sur 5 secondes en levant les bras.
Je retiens mon souffle sur 3 secondes.
J'expire sur 5 secondes en baissant les bras.
Je retiens mon souffle sur 3 secondes.

Je maintiens ce cycle 21 fois.

MON JOURNAL DE MÉDITATION

Date : **Heure :** **Durée :**

Posture : Assise

Lieu :

Support :

Intention :

Ressenti :

De la tête au cœur,
que l'itinéraire soit direct.

Yehudi Menuhin

Les mots du SILENCE

Celui qui ne sait pas se taire
ne sait pas parler.

Je conserve mon état méditatif ;
je respecte la lenteur quand je prends la parole,
quand j'interagis avec autrui. Je ne suis pas présent
uniquement aux mots que je prononce. Je prends le temps
du silence avant d'ouvrir la bouche. Calme.
Je suis présent à mon ancrage, à ma respiration,
à la qualité de mes gestes. Lorsque je parle,
j'habite mon corps. Je ressens les battements
de mon cœur, l'air qui circule entre mes doigts,
ma respiration, la qualité du regard que j'établis
avec chacun. Je suis présent à mon articulation,
à mes mâchoires, à ma diction. Ainsi, les mots
que je prononce sont plus précis, plus posés,
plus authentiques. Ils viennent de mon cœur.

Lorsque je parle, je médite.

10 min

Le GOÛT du nez

Je respire profondément.
Je pose ma concentration sur le bout de mon nez.
En affinant mes sensations sur ces quelques centimètres,
je développe ma stabilité.

J'inspire par le nez. L'air pénètre dans mes narines.
Il en réchauffe ou en refroidit les parois. Je compte
un cycle de 21 respirations, sur un rythme de 5 secondes
d'inspir, 3 secondes en rétention, 5 secondes d'expir,
3 secondes en rétention.

Je pose ma concentration sur les changements
de température, sur la pointe de mon nez, sur les parois
nasales et progressivement sur l'intérieur
de ma gorge et de ma bouche.

Lorsque mon mental s'agite et s'échappe,
je reviens à ma concentration, j'affine ma vigilance
pour me concentrer sur mon nez.

MON JOURNAL DE MÉDITATION

Date : **Heure :** **Durée :**

Posture :

Lieu :

Support :

Intention:

Ressenti:

Comme la corde d'un VIOLON

Je pose une intention, sans volonté.

– ***Méditer sans poser aucune intention***, ça serait comme tirer à l'arc sans viser aucune cible.

– ***Méditer avec trop de volonté***, ça serait vouloir être arrivé avant même d'avoir fait le premier pas.

Je pose une intention claire. Je la maintiens jour après jour. Mon intention est comme la corde d'un violon. Trop tendue, elle risque de casser. Trop détendue, elle ne sonnera pas.

POUR IMAGER MON INTENTION :

Je colle ici trois fils en étant totalement attentif à mon acte.

- Le premier fil n'est pas assez tendu.
- Le second est trop tendu.
- Le troisième est justement tendu.

La méditation encourage à être conscient
de toute chose. Méditer, c'est développer
ses capacités d'attention, de concentration.

Celui qui médite régulièrement n'est pas
continuellement en recherche de stimulations.
Il n'est pas absorbé par les milliers de pensées
qui le perturbent et l'empêchent d'agir.

Il n'appuie pas sa stabilité
sur les événements extérieurs,
***mais sur la profondeur de ses racines
et de sa respiration.***

***En conscience et avec attention,
je colorie la page ci-contre.***

je t'adore

JE VOUS DÉTESTE TOUS !

J'AI PEUR

TU M'AS ÉNERVÉ

JE SUIS IMPATIENTE !

J'AI UN COUP DE BLUES

GRRRR!!

Je suis heureuse

JE T'ADMIRE

J'en ai très ENVIE...

ÇA ME
DÉGOÛTE !

PLEURER
EN CACHETTE

passionnément

tu me fais
ROUGIR

ça me ronge

tendrement

TU ES FOU !

IL M'A VEXÉ...

doucement

je t'aime

C'EST DE LA
PROVOCATION

Le voile de L'ÉMOTION

Quel que soit mon état émotionnel, je médite.
Si je suis calme, c'est propice à la méditation.
Si je me sens triste, en colère, déprimé, excité,
c'est propice à la méditation.
Mes émotions sont autant de portes
à traverser pour retrouver la paix en moi.

Dans ce cas, mes émotions elles-mêmes
sont supports à la méditation.

Derrière l'instabilité de mes
émotions se trouve la paix de mon cœur.

Peu importe ce qui m'a attristé, agacé,
inquiété. Je traverse par la respiration
et l'attention vigilante le voile de l'émotion.
Je retrouve la beauté de mon temple intérieur.

En méditant, ce n'est pas le monde que je change,
c'est mon regard sur le monde que j'apaise.
Alors, le monde m'apparaît plus beau.

La méditation stabilise mon regard,
mes émotions, mon discernement
et ma bienveillance.

Dans la joie
de retrouver un ami,
concentre-toi sur la joie,
pas sur l'ami.

Tilopa

3 min
les yeux
fermés,
puis
3 min
les yeux
ouverts

La qualité de ma posture et de mon attitude
dépendent de mon état intérieur.
Pour développer la détente de mon corps,
j'ai besoin de vérifier
le niveau de mes résistances.
À chaque fois que je refuse
ce qui est : je crée une tension.
Je me concentre sur l'accueil de ce qui est.
Je ne résiste pas à mon environnement,
je ne cherche pas à le changer.
Je me concentre sur le mot *oui*.
Je visualise les trois lettres de ce mot
en lettres d'or brillant sur mon cœur.
Je répète quelques fois ce mot
à haute voix pour mieux l'incarner
dans mes cellules. *Oui* à mes tensions,
oui à ce qui arrive dans ma vie,
oui à la réalité de mon corps
physique. Ce *oui* intérieur n'a rien à voir
avec de la résignation et n'enlève
rien en mon pouvoir d'agir.
C'est le *oui* de l'accueil inconditionnel.
Progressivement, j'accueille ce qui vient
et je sens la détente se diffuser partout
dans mon corps.

MON JOURNAL DE MÉDITATION

Date : **Heure :** **Durée :**

Posture :

Lieu :

Support :

Intention:

Ressenti:

Je touche l'infini.
Je repousse les limites
de ma conscience.
Je suis uni à la vie.
Je médite.

Sans méditation,
on est comme aveugle dans un
monde d'une grande beauté,
plein de lumières et de couleurs.

Jiddu KRISHNAMURTI

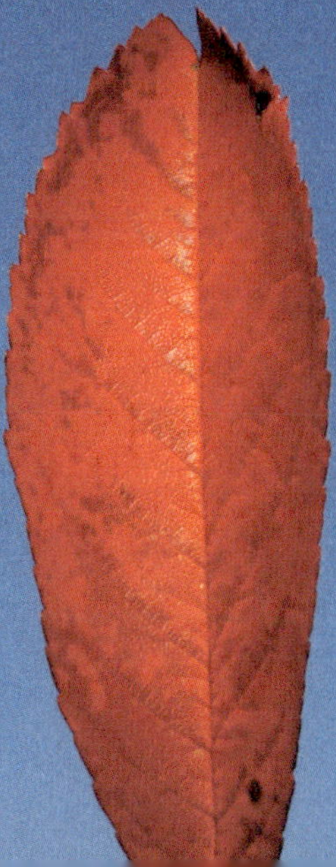

Le mandala du monde à soi

En sanskrit,
mandala signifie cercle
et par extension sphère, environnement.
Un mandala est une représentation du monde.
C'est un support utilisé dans le bouddhisme tibétain
à la méditation et au recueillement. Colorier
un mandala, c'est prendre soin de son monde intérieur,
se recueillir, et ainsi dans l'art de la création
pouvoir partager avec son entourage sa vision du monde.

***Le coloriage du mandala est une méditation
qui nous offre de nous relier au meilleur de nous-mêmes.***

Marcher pieds nus

Je marche pieds nus, de préférence
le matin, dans la rosée fraîche.
Le long du chemin, j'attaque le sol en pleine conscience.
Je respire profondément. Et si je n'ai pas de jardin
où poser mes talons, je médite
en marchant dans mon salon !
Je sens la voute plantaire dans son mouvement.
Je sens mes orteils. L'herbe est fraîche.
Si je n'ai pas de jardin, je marche sur le parquet,
sur le carrelage, sur la moquette, en pleine conscience.
Je me concentre sur mes orteils,
mes talons, mes chevilles, je respire.
Je me concentre sur le point d'équilibre
entre le pied gauche et le pied droit.
Je ralentis. Je ferme les yeux.
Attentif à chaque sensation.
Lorsque je pose mon pied gauche,
je me dis intérieurement :
je suis calme.
Lorsque je pose mon pied droit,
je me dis intérieurement :
j'agis en conscience.
Je marche ainsi quelques minutes.

Calme et en conscience.

*Le miracle n'est pas de marcher sur l'eau,
il est de marcher sur la terre verte dans le moment
présent et d'apprécier la beauté et la paix qui sont
disponibles maintenant.*

Thich Nhat Hanh

LA
nature
EST UN
miracle

Méditer, ce n'est pas acquérir
des techniques spirituelles complexes.
Inutile de se convertir au bouddhisme
ou à la philosophie orientale.
Méditer, c'est être comme un enfant.
S'émerveiller d'un rayon de soleil
qui scintille dans une goutte d'eau,
s'émouvoir devant une coccinelle,
un brin de muguet et devant
toutes ces beautés que la vie nous offre.
Méditer, c'est retrouver l'émerveillement
de son cœur d'enfant.

Une araignée tisse sa toile ;
avec patience, elle crée son mandala.
Un bourgeon s'ouvre au printemps,
il semble caramélisé, comme une pomme d'amour.
Je m'émerveille de chaque détail du quotidien
que je remarque…

Le monde ne manque pas de merveilles,
mais d'émerveillement.

***En portant mon attention
à chaque détail,
je colorie cette page.***

Into the wild

Avant de méditer dans les temples,
dans les dojos et dans les églises,
les hommes ont médité dans les forêts,
au bord des lacs et en haut des montagnes.

La nature est un extraordinaire
support pour méditer.
Forêt, sous-bois, montagne,
la nature nous réveille
à notre propre nature.

L'immensité du désert nous réveille
à l'immensité de notre conscience.
Le calme d'un lac résonne avec le calme
que nous recherchons dans notre cœur.
La chaleur d'un feu de camp entre
en résonance avec la chaleur
de notre propre corps.

La méditation est dans la nature car la nature est dans la méditation.

DANS les bois

Source d'inspiration, source de respiration,
la forêt est le berceau de la vie.
Les grands arbres y vivent harmonieusement
avec les frêles fougères.
Le chant des oiseaux compose
avec le sifflement du vent dans les hautes branches.
Je pose ma main sur la terre.
Je respire profondément.
Je sens la mousse sous mes paumes,
le lichen entre mes doigts.
Je cale mon dos contre un chêne majestueux.
Je respire avec lui, lentement, contre lui.
Sa puissance me fait du bien, me sécurise.
Je regarde au lointain tous ces grands arbres :
les ormes, les saules, les peupliers,
les charmes. J'écoute le chant d'un geai,
je capte le vol d'une tourterelle.
J'observe de longues minutes
la démarche d'un coléoptère.
Je respire profondément, je souris.
Sans effort, dans la forêt,
tout me ramène à la méditation.

5 min

Je M'ENRACINE

Debout, je pose mon dos contre un arbre.
Un saule, un chêne, un marronnier…
Ma colonne est appuyée contre la sienne.
Son écorce frotte ma peau. Je sens mes pieds enracinés, mon contact avec la terre.
Je sens le vent dans mes cheveux, et le souffle dans ses branches. Je sens sous mes pieds mes racines.
À chaque expiration, elles traversent mes chaussures et vont pénétrer le sol un peu plus profondément, jusqu'à toucher le centre de la terre.
À chaque inspiration, je reçois l'énergie vitale de la terre sous forme d'une lumière de couleur rouge. Je me sens végétal, je me sens uni à lui, et aux arbres de la forêt.

MON JOURNAL DE MÉDITATION

Date : **Heure :** **Durée :**

Posture : Debout

Lieu :

Support :

Intention :

Ressenti :

Sois le changement
que tu veux voir en ce monde.

Gandhi

3 min

J'écoute

En forêt, je ferme les yeux et j'écoute.
J'écoute le chant des oiseaux. Je pose ma concentration sur les sons, juste les sons. Je ferme les yeux. Les chants, le craquement de mes pas sur les branches entassées, le roucoulement doux des tourterelles. J'accueille chaque son comme un chant de la nature. La forêt chante à mon oreille. Je me concentre sur les graves et les aigus, les médiums, les sons feutrés, ceux plus métalliques ; je respire profondément. Je me laisse toucher par la musique de la nature, par la musique de la forêt, par la musique de la vie.

J'écoute les sons de mon corps, les battements de mon cœur, j'affine mes sens. J'écoute mes organes, les vibrations si subtiles, à peine perceptibles, de mon sang dans mes veines.

J'écoute la vie, en moi, autour de moi, partout, uni.

J'inspire profondément ; sur l'expiration, j'accompagne le souffle d'un son, le son AH que je chante… Je sens cette voyelle résonner dans mon ventre, ma gorge, ma poitrine.

MON JOURNAL DE MÉDITATION

Date : **Heure :** **Durée :**

Posture :

Lieu :

Support :

Intention :

Ressenti :

J'ouvre la porte

Ce petit geste quotidien,
dix mille fois réalisé machinalement,
peut-être cent mille fois…

La clé dans la serrure, la main sur la poignée.

Et aujourd'hui, pour la première fois…
J'ouvre la porte en étant
pleinement conscient de mon geste.

J'ouvre ce qui était fermé.
Je m'ouvre à l'inconnu.
Je m'ouvre au mouvement.
Je passe à autre chose.
Je change d'espace.

Pleinement conscient de ma main
posée sur la poignée.

J'ouvre la porte,
car je m'ouvre à la vie.

LETTRES

J'OSE sourire

Aujourd'hui, consciemment, je souris,
à trois personnes rencontrées :
au chauffeur du bus, au gardien de l'immeuble,
à mon collègue, peu importe.
Je souris franchement à une personne
rencontrée que je regarde dans les yeux.
Je souris franchement avant de prendre
une décision, avant d'ouvrir une porte…
Que se passe-t'il alors ?

Je colle ici une photo qui réveille un sentiment de joie, de plénitude et provoque à coup sûr un sourire.

3 min

Ma MÉDITATION du sourire

Je m'assois confortablement.

J'inspire et je souris. J'expire et je ressens ma joie se diffuser dans chacune de mes cellules.

J'inspire et je souris profondément. J'expire et je sens cette joie dans chaque partie de mon corps. Au fur et à mesure de la méditation, mes pieds, mon ventre, mes mains, mon être tout entier se sent léger et joyeux.

La joie favorise la mémoire, la concentration, l'analyse, la stabilité, l'élan, l'inspiration.

«Ce n'est pas le bonheur qui attire le sourire, mais le sourire qui attire le bonheur.»
Je me répète cette phrase comme un mantra.

Je retrouve en moi l'enfant que j'ai été, qui sans raison sourit car c'est sa nature.

Je m'autorise à sourire. Cette méditation me fait du bien. Simplement, j'inspire et je souris, j'expire et je sens cette joie dans mon corps. Je sens le noyau de mes cellules et tout mon être se reprogrammer ainsi. Je me sens léger. Je ressens de la joie, de la gratitude.

MON JOURNAL DE MÉDITATION

Date : **Heure :** **Durée :**

Posture : Assise

Lieu :

Support :

Intention :

Ressenti :

Quand je médite,
je suis comme le fond de l'océan.

Lorsque j'observe l'océan,
les vagues en surface sont parfois agitées.
Dans les profondeurs de l'océan en revanche,
l'eau est calme. Il en est de même pour mon
esprit. Même si extérieurement, je suis
agité, ému, instable… dans les profondeurs
de mon être repose une grande stabilité.

Dans les profondeurs de mon être,
je suis calme.

Ce qui se fait de grand se fait dans le silence.
Erik Gustaf Geijer

LES vagues de L'OCÉAN

Lorsque la tempête vient toucher l'océan,
les vagues s'agitent, l'écume brille à la surface.
Les frêles esquifs risquent d'être emportés.
En profondeur pourtant,
rien ne bouge et l'océan
est calme.

De même,
lorsque je suis en colère,
lorsque j'ai peur, lorsque je suis triste,
les émotions perturbatrices peuvent créer
des tempêtes au niveau de ma personnalité.
En profondeur cependant, ma véritable
nature n'est pas affectée.

La méditation nous apprend
à nous relier à notre véritable nature.
Par une respiration calme, par une posture stable,
la méditation nous invite à découvrir la partie
la plus profonde de notre être ; celle qui est
stable et sur laquelle nous pouvons nous appuyer.

Quand je ne médite pas ...
Où est la méditation ?

La méditation ne consiste pas à m'isoler
dans un temple loin du monde,
mais à intégrer en moi la paix
pour évoluer dans le monde.

Avec l'expérience, les effets de la méditation
dépassent les moments où je suis assis
sur mon coussin. C'est une posture que je maintiens
dans mon quotidien, dans les transports,
dans les embouteillages, dans les files de supermarché.

Un maître demande à son disciple…

« Demain, réveille-moi au lever du soleil. »

Le disciple prend sa mission très au sérieux, à tel point, qu'il n'en dort pas de la nuit. Il tourne et se retourne dans son lit pour être sûr de ne pas oublier. Au lever du jour, il se lève péniblement et pénètre en traînant les pieds dans la chambre de son maître.

« Maître, réveille-toi ! », dit le disciple.

Le vieil homme se redresse d'un bond et dit à l'élève :

« Disciple, éveille-toi ! »

Ce qui **vibre**
à l'**intérieur** de moi
se prolonge à l'extérieur.

Ce qui se **crée** autour de **moi**
trouve **sa source**
dans mon **cœur**.

En prenant **soin** de mon intérieur,
c'est le **monde**
que **je soigne**.

Toutes les situations sont bonnes pour méditer !

En pénétrant dans la bouche du métro, je suis conscient
de descendre dans les profondeurs de mon être.

En empruntant l'escalator, je saisis l'occasion
de m'élever vers la clarté de mon esprit.

Dans un embouteillage, je m'entraîne aux différents
exercices de respiration consciente.

En ouvrant une porte, j'ai la sensation
de m'ouvrir à l'inconnu en toute confiance.

– Maître, combien de temps dois-
je méditer chaque jour ?

– 1 heure.

– 1 heure ?!
Mais je ne trouverai jamais le temps,
je travaille déjà 8 heures par jour !
Alors, combien de temps ?

– Alors 2 heures…

3 min

Anti Blues

Lorsque je ressens un coup de blues,
du stress ou de l'angoisse, je me centre.
Je reprends la position en 7 points.
Je respire profondément.

Je pose ma main sur mon abdomen
et je me sens ainsi sécurisé.
Je me concentre sur tout ce qui va bien dans ma vie.
Je me concentre sur ce que je reçois de la vie.
Je me concentre sur mes qualités et ma valeur.

Puis je pose mes deux mains sur la terre.
À chaque inspiration, je reçois par ma main gauche
une belle lumière blanche qui va inonder mon cœur
et vient renforcer ma confiance, ma paix, ma joie.

À chaque expiration, je laisse expirer de ma main droite
mes peurs, ma honte, ma tristesse,
sous forme d'une fumée noire que la terre absorbe.

À chaque respiration je me sens ainsi
plus stable, plus paisible.
Plus confiant et plus joyeux.

Je reproduis cette respiration 21 fois.

MON JOURNAL DE MÉDITATION

Date : **Heure :** **Durée :**

Posture :

Lieu :

Support :

Intention:

Ressenti:

Sème un acte,
tu récolteras une habitude.

Sème une habitude,
tu récolteras un caractère.

Sème un caractère,
tu récolteras une destinée.

S.S. le dalaï-lama

Compassion

Méditer sans s'orienter vers la compassion
serait comme apprendre à tirer à l'arc
sans choisir sa cible.

La compassion et l'ouverture du cœur
sont la finalité de toute méditation.

Nous ne pouvons être véritablement heureux
tant que les autres ne le sont pas.

En méditant, en me reliant à ma source,
je réalise que nous ne sommes pas
séparés les uns des autres.
Lorsque je prends soin de l'autre,
je prends soin de la relation qui m'unit
à l'autre, et ainsi, je prends soin de moi.

Lorsque j'apaise mon cœur,
c'est le monde entier que je contribue à réparer.

En méditant
Je pose l'intention d'ouvrir mon cœur.
Je pose l'intention de m'ouvrir au monde.

3 min

MÉDITATION de compassion

Je me centre.
Je suis dans mon cœur.
Je visualise une belle lumière blanche dans ma poitrine.
Je visualise autour de moi mes amis, ma famille,
mes proches. Ceux qui ont besoin d'aide.

À chaque inspiration,
j'inspire dans mon cœur leur peine,
leur chagrin, sous forme d'une fumée noire.
À chaque expiration, j'expire une lumière blanche
qui va toucher chacun de mes proches dans son cœur.
Je transforme l'énergie dans ma poitrine.
J'ouvre mon cœur progressivement aux amis
de mes amis, aux inconnus croisés dans la rue,
à tous les habitants de ma ville, de mon pays.
Puis j'élargis au-delà de toute frontière
à tous les êtres de l'univers,
à tous les animaux, à tous les êtres
vivants qui connaissent la souffrance,
l'humiliation, la peur, la honte.
À tous ceux qui ont besoin d'amour,
j'offre en pensée ma lumière.

Sur l'inspiration, j'accueille les blessures
de chacun, sous forme d'une fumée noire.
Sur l'expiration, j'offre le réconfort
et la paix sous forme d'une lumière blanche.
Je termine en me remerciant de cette pratique,
en posant mes deux mains sur mon cœur,
et en m'envoyant à moi-même de la lumière.

MON JOURNAL DE MÉDITATION

Date : Heure : Durée :

Posture :

Lieu :

Support :

Intention :

Ressenti :

Calme

Le calme est en moi.
Dans mon cœur, j'instaure la paix,
la stabilité, la constance et la douceur.

Alors, quel que soit l'endroit
où je me rends,
quels que soient mon entourage,
les circonstances et les événements,
parce que je respire profondément,

je suis calme.

En quittant un endroit,
je **ferme** la porte.

J'accueille
le changement car la vie
est en **mouvement.**

Je **conserve** en **moi**
les bienfaits de ma **lecture,**
les bienfaits de la
méditation.

*C'est en parvenant à nos fins par l'effort,
en étant prêt à faire le sacrifice de petits
profits immédiats, que nous parviendrons au
bonheur caractérisé par la paix intérieure
et le contentement authentique.*

S.S. le dalaï-lama

Ami lecteur, amie lectrice,

La méditation n'est rien,
seul compte l'entraînement à la méditation.
Ta méditation ne s'arrête pas ici ;
elle débute à la dernière page.
Elle se prolonge bien au-delà de ce cahier.
Chaque moment de ton quotidien est une occasion
pour te recentrer et suivre la ligne.
Chaque respiration est un support à la méditation.
Je t'encourage à persévérer, à renouveler tes efforts
jour après jour, dans la détente et la confiance.
Alors progressivement, comme on fait son jardin,
les mauvaises herbes de l'agitation, de la peur
et de l'aveuglement disparaîtront pour
laisser émerger le meilleur de toi-même,
la profondeur de ton être :

LE CALME.

Les 10 RAISONS pour lesquelles je ressens de la GRATITUDE

1

2

3

4

5

6

7

8

9

10

Merci

Remercier, c'est reconnaître ce qu'on reçoit
et ainsi reconnaître la valeur qu'on se donne.
En cela, remercier fait du bien au cœur et à l'âme.

La gratitude n'est pas proportionnelle à l'objet reçu…
Je peux ressentir de la gratitude
pour le soleil qui se lève,
pour le fait d'être en bonne santé,
d'avoir accès à la culture, à l'éducation.

Je remercie ceux qui me sourient,
qui me disent bonjour.
Je remercie pour les plaisirs
quotidiens les plus simples.
Je me remercie de mon audace et de ma curiosité.

Plus j'ai la sensation de recevoir,
plus j'ai envie d'offrir en retour,
et plus je reçois à nouveau.
C'est le cercle vertueux
du « merci » qui nourrit.

Je remercie le soleil quand il brille.
Je remercie la pluie qui alimente les sols.
Je remercie mes amis d'être à mes côtés.
Je me remercie moi-même de me relier à ma lumière.

MERCI

Remerciements

Je remercie du fond du cœur toutes celles et ceux
qui m'ont inspiré le calme ; mes maîtres tibétains,
les yogis, les chamans, les hommes médecine,
les sages rencontrés ces vingt dernières années
au fil de mes voyages notamment en Inde et au Tibet.
Je remercie Jean-Louis Hocq et toute l'équipe de Harmonie
Solar de m'avoir offert les pages sur lesquelles
j'ai écrit ce cahier. Je remercie mon éditrice
Suyapa Hammje pour sa confiance, sa constance
et sa bienveillance. Elle m'a accompagné
à chaque page, dans la douceur et le calme.
Merci à Maëlle Sigonneau qui a suivi attentivement
le montage de ce carnet avec enthousiasme,
à Marie Bretin pour ses images inspirantes et inspirées.
Merci à Anne Chamaillard pour son investissement
dès les premières respirations de CALME,
et à ma collaboratrice Fanny Noyelle
pour son soutien lorsque le monde s'agite.
Et merci à toutes celles et à tous ceux
qui en développant le calme et la paix dans leur cœur
contribuent à générer le calme et la paix dans le monde.
Ce carnet vous est dédié.

Arnaud Riou anime des stages,

des ateliers et des conférences autour de ce carnet.

Pour connaître le programme et retrouver les

vidéos et articles en lien avec CALME

www.arnaud-riou.com

contact@riou-communication.com

Direction : Jean-Louis Hocq
Direction éditoriale : Suyapa Hammje
Edition : Maëlle Sigonneau
Rédaction : Chloé Chauveau
Graphisme et illustrations : Marie Bretin
Photogravure : Point 4
Fabrication : Céline Premel-Cabic
Photographies : Marie Bretin, sauf :
© Lou Sarda, p.2
© Getty: © Arne Pastoor p.20, © imagenavi p.61,
© Neo Vision p.69, © Westend61 p.111,
© Jean-Marei Lio/hemis.fr p.165,
© Westend61 p.166, © Eric Larrayadieu
© Fotolia : © wabeno p.93, © mallivan p.97,
© Pakhnyuchyy p.119
Photographie de couverture : © Getty, Andrea Ricordi

ISBN : 978-2-263-07211-6
Code éditeur : S07211
Dépôt légal : janvier 2016
Imprimé en Espagne par Grafos

© Editions Solar, 2016

Tous droits de traduction,
d'adaptation et de reproduction
par tous procédés, réservés pour tout pays.

HarmonieSolar

Solar | un département **place des éditeurs**

place
des
éditeurs